DES ASSEMBLEES

PROVINCIALES,

OU

DE LA NÉCESSITÉ DE RÉORGANISER LES ADMINISTRA-
TIONS SECONDAIRES ET MUNICIPALES, ET DE LES
METTRE EN HARMONIE AVEC LES PRINCIPES DE LA
CHARTE.

PAR M^r. LEROUX DUCHATELET,

MEMBRE DE LA CHAMBRE DES DÉPUTÉS DE 1815.

A PARIS,

L. G. MICHAUD, IMPRIMEUR-LIBRAIRE,
RUE DES BONS-ENFANTS, N°. 34.

M. DCCC. XVII.

DES ASSEMBLÉES PROVINCIALES,

OU

De la nécessité de réorganiser les Administrations secondaires et municipales, et de les mettre en harmonie avec les principes de la Charte.

TOUTE institution doit être en rapport immédiat avec l'origine, la cause et le but de sa formation.

Sous la tyrannie, tout devait donc se rapporter au maintien du pouvoir usurpé, à la puissance de l'usurpateur, qui est établie pour son unique avantage.

Sous la royauté légitime, image du pouvoir paternel, tout doit se diriger vers le bien général et le bonheur particulier des sujets, qui deviennent les enfants du Monarque.

Là, il n'y a plus de sujets, plus de famille; il n'y a que des esclaves et des favoris, qui eux-mêmes courent à la servitude et l'affermissent par leur bassesse. Les institutions les plus dures conviennent à ce gouvernement, dès qu'elles favorisent le tyran; la justice devient un mot illusoire, puisqu'elle contrarie l'origine même de ce pouvoir, qui n'existe que par la fraude et la violence.

Ici, au contraire, la justice fonde la félicité commune; le Monarque ne peut avoir qu'un seul desir, qu'un seul intérêt, la prospérité publique et le bonheur des individus de la grande famille.

De même que l'ordre, la considération, la tranquillité, le maintien de la monarchie dépendent de l'étendue, de la conservation de l'autorité légitime, l'autorité légitime, à son tour, s'appuie sur la tranquillité et la félicité publiques qui naissent des rapports qui se trouvent entre les branches d'administrations et de pouvoirs secondaires émanés de la grande puissance paternelle.

Sous la monarchie, ces pouvoirs ne sont que les canaux bienfaisants qui procurent l'abondance, la fertilité vers tous les points de l'empire, la sécurité et le bonheur sur tous les individus qui l'habitent.

Sous la tyrannie, ces mêmes pouvoirs, sans égard aux sujets, ne peuvent et ne doivent être que les ramifications qui concourent à porter l'énergie, la rapidité, les secours nécessaires pour étayer ce système monstrueux, qui exige d'autant plus de force qu'il est plus en opposition avec l'esprit et l'état actuels des gouvernements de l'Europe.

Sans cette tendance naturelle vers le but réciproque de ces pouvoirs, tout doit se désorganiser. Ainsi la tyrannie, toujours sombre, inquiète, soupçonneuse, doit fuir le repos, centraliser, isoler tout, déployer tout ce qu'elle a de vigueur, de force; ne connaître que ses agents et ses soldats. Aussi avons-nous remarqué, pendant ce gouvernement, l'isolement de tous les pouvoirs, la concentration de toutes les fortunes, le caprice devenir la règle unique de toutes autorités; plus de discussion dans les lois, plus de certitude dans leur application, l'arbitraire succéder au contenu le plus clair de leur texte, l'administrateur dirigé par des instructions secrètes qui en détruisaient la force, l'administré devenir victime de ces modifications, et réclamer en vain les articles qui, au lieu de le défendre, l'avaient égaré; en un mot, le bonheur d'un seul et de ses protégés, et le malheur commun.

Le Monarque légitime, au contraire, rapporte tout à ses sujets; sa main bienfaisante s'étend sur tous indistinctement; chaque coin de son empire appelle et fixe ses regards; il ne voit dans les délégués de son pouvoir, que des fils aînés dont la sagesse et l'expérience méritent sa confiance : les talents, les vertus, l'amour de la justice, de la bienfaisance, sont des titres à sa faveur; l'adulation est pour lui ce qu'elle doit être, le plus dangereux mensonge. Il sait qu'il n'en a pas besoin pour le rassurer sur ses droits; il estime la vertu au lieu de la craindre; la félicité publique consolide son autorité; son autorité consolide la félicité publique: l'une et l'autre se prêtent un mutuel secours.

Le temple de la royauté légitime est partout pour y recevoir les demandes, écouter les plaintes, accorder les unes, juger les autres.

Le séjour habité par la tyrannie est le seul point qui l'intéresse; il y rapporte tout: c'est là seulement où doivent aboutir ces prétendus bienfaits, pour s'assurer au moins un endroit qui lui donne une apparence de sécurité. L'un est le mercenaire qui rapporte tout à lui, l'autre est le père de famille qui rapporte tout à ses enfants.

C'est d'après ces considérations, ces principes consacrés par l'expérience et la raison, que la monarchie légitime est et sera toujours en France notre unique sauve-garde, notre appui, notre force, notre résistance; et pour me servir des termes d'un de nos meilleurs écrivains du siècle dernier, que le trône légitime deviendra, pour notre patrie, ce qu'est, pour les vaisseaux agités par la tempête, le phare qui, à l'instant qu'il est aperçu, attire tous les regards et annonce le port où il faut fixer son salut.

C'est pourquoi, en proposant l'organisation des administrations secondaires, me garderai-je bien d'entraver la puissance du Monarque ; elles ne doivent que lui procurer les moyens les plus sûrs de répandre ses bienfaits, lui faciliter les connaissances nécessaires pour les faire rejaillir avec une justice impartiale sur toutes les parties de son empire, enfin alléger les détails pénibles de cette grande administration, comme les enfants concourent, par leur travail et leur surveillance, à alléger les travaux du père de famille pour le bonheur commun et l'amélioration de son domaine. Ce sont ces moyens que nos Rois ont constamment cherchés, dont ils ont fait leur principale étude, l'objet continuel de leurs vœux, de leurs desirs ! L'histoire nous en fournit la preuve. C'est ainsi que Charlemagne fonda, esquissa ces assemblées particulières ; que Louis IX porta une réforme salutaire dans l'administration des domaines des grands vassaux de la couronne,

alors tout puissants; que Philippe-le-Bel af-
franchit les communes malgré les intérêts
particuliers, les mœurs, les usages du temps,
les réclamations des grands et des ministres.

C'est encore par ces institutions que le Roi
martyr desirait faire revivre et répandre partout, essaya ces bienfaits; c'est ainsi que l'on
peut aujourd'hui seconder les vues du Monarque qui nous gouverne.

Les institutions de l'usurpateur, uniquement
destinées à son bonheur, ne peuvent plus concourir au bonheur des Français; le gouvernement de la tyrannie pourrait-il s'amalgamer au
gouvernement paternel de la royauté? Non,
c'est un paradoxe que tout homme sensé ne
peut soutenir. D'un côté, il ne faut que crainte
et prestige pour sa seule conservation; de l'autre, il ne faut qu'amour et respect pour le maintien de la félicité générale. Tout ce qui émane
de ces gouvernements doit suivre ces principes.
L'ambition, la sûreté du despote sont le mobile
de l'un; le bonheur, la sécurité des sujets sont
le mobile de l'autre. Les autorités qui les re-
présentent, doivent être dans le même sens:
ici, les préfets sont les interprètes du pouvoir
paternel; ils doivent être entourés des person-
nes les plus intéressées à l'ordre, à la prospérité commune; là, au contraire, soutiens de la

tyrannie, ils doivent n'être environnés que de ses emblêmes, la force, le caprice, et j'oserai dire la terreur.

L'institution isolée, le pouvoir proconsulaire dont ils étaient revêtus, la centralisation de toutes les affaires, la manière cachée de les administrer, tout convenait donc à ce régime étranger à nos mœurs.

Rome, qui présente l'image du plus grand despotisme envers ses colonies; Rome, qui avait fourni dans l'institution de ses proconsuls l'idée de nos préfectures, n'avait pas revêtu d'une puissance si étendue ces envoyés; l'autorité municipale abandonnée à ces villes subjuguées, restée intacte, contrebalançait encore un peu leur pouvoir; elles jouissaient, disposaient de leurs revenus. En France, sous l'usurpation, tout était réuni dans les mains du ministère, et mis au gré du caprice de l'usurpateur. La conservation de ces institutions, sous ce point de vue, est donc plus nuisible qu'avantageuse; elle ne sert qu'à soutenir l'espoir de nos ennemis intérieurs, qui y rencontrent partout les vestiges, les traces de leur gouvernement chéri. Un honorable membre de l'ancienne chambre (1) l'a dit dans la dernière

______

(1) M. Brennet.

session : « Nous serons constamment en révolution, tant que les institutions révolutionnaires
subsisteront. Ces institutions subsisteront tant
qu'on administrera révolutionnairement. Le
retour de l'usurpateur est dû au maintien de
ses institutions, qui semblaient appeler et faciliter son arrivée. Moins de centralisation eût
laissé agir l'esprit public, et la France eût été
préservée du malheur et de la honte de revoir
son sol souillé de nouveau de l'usurpation. »

Actuellement cherchons donc à rendre nos
institutions analogues à notre gouvernement et
au desir de nos monarques pour le bien de leurs
sujets; donnons-leur le moyen de connaître
l'état réel et les besoins de leur famille.

C'est lorsque les factions hideuses vou-
draient peut-être encore s'agiter, qu'il faut
consolider le trône légitime, qui seul peut
nous mettre à l'abri de leur fureur, par la félicité publique.

C'est lorsque les finances sont épuisées par
la folle prodigalité et les démarches insensées de
l'usurpateur, qu'il faut alléger le fardeau des
impositions nécessaires, pour les restaurer, en
adoucissant les moyens employés pour les obtenir, par l'ordre et l'économie des recettes.

Enfin c'est lorsque la France entière se ressent encore des secousses terribles qui l'ont

agitée, des volcans qui l'ont déchirée dans l'absence de son gouvernement légitime, qu'il faut ranimer son crédit, faire renaître son activité par des institutions stables et bienfaisantes, qui donnent les moyens d'être juste partout et pour tous ; c'est dans ces vues seules que je me permettrai de présenter celles que je crois les plus propres à atteindre ce but.

Les moments les plus précieux, dit Tacite, sont les premiers instants qui suivent le règne d'un mauvais prince : c'est donc le moment de les établir. Je vais considérer ces institutions sous ces différents points de vue : l'affermissement du trône par la justice, l'amélioration des finances par l'ordre, la prospérité publique par l'encouragement et l'émulation. Qu'on ne nous accuse pas de vouloir innover ; c'est dans nos institutions anciennes que je chercherai ce mode d'administrer. Je rejetterai au contraire ces innovations qui nous ont été si funestes, et qui ne sont aujourd'hui si fortement appuyées que par ceux à qui elles sont depuis si long-temps utiles ; c'est dans les annales de la France, dans les fastes de notre histoire que nous trouverons ces établissements. Sous Charlemagne, nous verrons que ces *Missi dominici* n'étaient que les surveillants de ses conseils ; l'affranchissement des communes par

Philippe-le-Bel, ne nous offrira que l'aggréga-
tion du peuple à ces droits reconnus dans les
propriétaires.

Mais les meilleures lois tombent souvent en
désuétude, surtout chez un peuple aussi léger
que les Français : les abus sont toujours voisins
des meilleures institutions. Les troubles intérieurs, les guerres lointaines firent abandonner à ces mêmes surveillants l'administration
entière ; c'est ainsi qu'à l'insu, pour ainsi dire,
des rois mêmes, ils étendirent, augmentèrent
leur prérogative ; c'est ainsi que les intendants,
successeurs de ces mêmes envoyés, réunirent
tous les pouvoirs d'administration , quoique
bien moins arbitraires, moins étendus que les
préfets, puisqu'ils ne faisaient rien sans l'avis
du subdélégué, toujours choisi parmi les propriétaires du pays. Et cependant qui de nous
ignore combien ce mode avait excité de réclamations?

La comparaison des pays d'états avec les
pays de généralités, où il était adopté, a décidé
depuis long-temps la question. On nous objec-
tera, je le sais, les prérogatives royales. Je
laisse ces reproches, ces subterfuges à ceux
qui sont plus jaloux de soutenir les prétendues
prérogatives de leurs emplois que celles du
trône ; sous prétexte de défendre la prérogative

royale, ils défendent la leur. Aussi voyons-nous que nos plus grands antagonistes sont ceux qui, depuis vingt-six ans, se sont maintenus dans toutes les espèces d'emplois ; c'est qu'il est si difficile de se dessaisir de la coupe du pouvoir dès qu'on en a approché les lèvres, qu'on s'identifie avec ses prérogatives, qu'on s'aveugle au point de défendre ses prétendus droits sous le prétexte de défendre ceux du Prince, comme si la prérogative consiste à s'immiscer dans les détails les plus minutieux de l'administration, à vouloir tout régler, tout voir, à abandonner la suprématie du commandement pour descendre aux détails, à l'exécution des ordres subalternes ; comme s'il ne valait pas mieux laisser agir les hommes intéressés à la chose publique, que de l'abandonner aux bureaux du ministère et des préfectures ; comme si le plus noble attribut de la royauté n'était pas de faire le bien ; comme s'il n'importait pas plus à la prérogative de le faire par des propriétaires intéressés aux mêmes vues que par des commis qui y sont étrangers ; comme si la certitude de faire ce bien d'une part, l'incertitude de l'opérer de l'autre, ne devaient pas décider du choix et augmenter, au contraire, cette prérogative en augmentant ses ressorts ; comme si la surveillance pour que le bien se fasse n'était pas le véritable attribut de cette prérogative, qui deviendrait illusoire par l'étendue de son propre pouvoir; comme si la prérogative, enfin, la plus chère à nos Princes, n'avait pas été constamment de faire le bonheur de leurs sujets et de tout sacrifier à cette idée, si précieuse à leurs cœurs. Non, je le répète, ce n'est ni le zèle pour le Prince, ni le desir de la splendeur de l'Etat qui veut tout ramener à un seul point; c'est bien plutôt l'espoir de tout enlever par les intrigues, de tout partager à son gré. Ramenons tout vers la Royauté; mais ramenons tout par les principes qui la constituent, par l'amour, par les bienfaits, par l'ordre, la justice, qui seule maintient la puissance; enfin par l'organisation naturelle du pouvoir paternel.

L'autorité soúveraine a pour objet et pour appuis l'ordre, la règle et le bonheur de ceux qui sont sous son empire; elle ne peut être limitée dans ses bienfaits sans que la considération qui lui est due n'en souffre; mettons-la à portée de les répandre sans les entraves de l'intrigue et avec une connaissance certaine des besoins de ceux qui doivent les recevoir, pour aider leur justice dans la répartition.

Cette autorité a d'autant plus de prépondérance qu'elle est plus analogue, plus conforme aux mœurs, aux usages des pays sur lesquels elle se déploie; elle est d'autant plus respectée qu'elle est moins sujette à l'erreur : offrons-lui les moyens les plus certains de se prémunir contre ces écueils. Quel est le préfet qui oserait affirmer qu'il possède une connaissance assez exacte des habitudes de son département pour prévoir les besoins, répondre aux plaintes de ses administrés, régler leurs différends sur des objets d'administration locale, rendre les arrêtés nécessaires pour encourager leur industrie, vivifier leur commerce, ranimer leur crédit? Etranger au pays qu'il administre, entouré de flatteurs ou de commis, comment peut-il s'assurer que sa marche ne contrarie pas ses vues d'encouragement et ne sert l'intérêt particulier plutôt que l'intérêt public, à qui aura-t-il recours? Arbitre unique du sort des provinces, il n'a déjà plus d'amis; il sera assuré de ne trouver qu'un dévouement sans bornes dans ses subalternes, pour obtenir des grâces d'une part, et se maintenir dans les emplois de l'autre; tout concourt donc à l'aveugler, sans qu'il puisse s'apercevoir des piéges dont la flatterie l'entoure : l'administrateur est donc livré à l'arbitraire ou à l'intrigue. En effet, s'il doit représenter le Monarque, comment s'abaisser aux détails de l'administration ; s'il ne daigne pas y descendre, à qui en confier le dépôt?

L'administration, qui ne consiste presque en détail, va être remise entre les mains de préposés qui ne connaissent que l'arrogance des commis et l'impertinence des antichambres; ils ne sont responsables à personne : l'honneur est au-dessus d'eux ; la routine les conduit, les dirige. S'il veut, au contraire, tout voir par lui-même, il risque de confondre les objets ou de les laisser en retard. S'il a des choix à faire, à qui s'adressera-t-il avec sûreté ? Nous en avons vu l'expérience, à combien de bévues n'ont-ils pas été exposés ? comment répondre de tant de nominations si convoitées, comment fixer son choix sans être trompé ?

Pour bien administrer, il faut connaître non seulement les objets de son administration, mais ses administrés; à peine souvent aura-t-il pu prendre les connaissances locales de cette administration, qu'il peut être appelé à d'autres fonctions; il faut donc que les administrés payent le noviciat, l'apprentissage de son successeur; en attendant, à combien d'injustices ils vont être en proie; combien une pareille autorité peut devenir pesante, onéreuse et faire rejaillir sur celle dont elle émane la haine ou l'amertume: l'assiduité qu'exigent tant de détails peut-elle durer toujours ? Quel est l'homme au-dessus des besoins et de l'ambition (et ces

deux choses empêchent toujours d'administrer)? quel est l'homme, dis-je, qu'une longue
expérience aura instruit, qui consentira à s'é-
loigner pour toujours de ses affaires, de ses
proches, de ses amis, pour jouer le rôle si dangereux et si fatigant de la représentation et de
la grandeur? Comment abandonner tous ses intérêts sans obtenir un instant de repos? Cependant, s'il s'absente, à qui confier le fardeau de
l'administration?Ce sont alors les préposés qui
gouvernent? Comment oser leur confier une
autorité si étendue? Peut-on s'assurer que les
affaires iront de même, suivront la même
marche?Que d'intrigues pendant cette absence,
quelle stagnation, que de victimes pour ce seul
moment d'éloignement! Comment enfin espérer
tant de dévouement? Comment allier tant de
grandeur pour représenter dignement ; tant
d'aménité, de patience, pour entendre, recevoir, juger les plaintes, les réclamations? Comment correspondre avec l'autorité supérieure
et l'autorité locale? Comment surveiller, commander, administrer, exécuter ? Il faut nécessairement qu'une partie de ces choses soit
renvoyée à l'arbitraire des bureaux; et quelle
administration, je le répète, que la bureaucratie!

Le feu révolutionnaire, en exaltant les têtes,

2

a pu produire quelques hommes qui ont paru y suffire; mais combien d'injustices, de vexations n'a pas produit ce mode. Sous l'usurpation, tout était abandonné à l'arbitraire; le silence imposé à la représentation annonçait que la confection des lois mêmes y était soumise; il était facile alors, non d'administrer, mais de tout entraîner par le torrent de la révolution. Mais que sera-ce que cette manière de tout diriger, quand le repos refroidira les ames, quand le goût de la tranquillité renaîtra, quand la cupidité fera place à l'honneur, sous la légitimité, où tout se règle par la justice, où les arrêtés ne doivent être que des corollaires qui ne peuvent changer le moindre texte de la loi sans compromettre sa responsabilité. Où trouver des téméraires qui accepteront de pareils emplois avec le desir et la capacité de les bien remplir. Ne faisons pas de l'homme en place un être fantastique; n'exigeons pas plus de perfection que sa nature en comporte; il est impossible de faire le bien dans des emplois qui exigent tant de qualités: il faut tout faire selon son caprice, si on veut répondre à tout.

Le temps, les forces ne le permettent pas autrement; il faut tout esquisser, tout ébaucher, si on veut seulement connaître une partie des demandes et y répondre avec une appa-

rence de justice. Aussi, depuis vingt-six ans
tout est commencé, rien n'a pu s'achever ; tout
se ressent de cette surcharge au-dessus de la
force ordinaire d'un seul homme. Tant que la
fièvre politique a duré, le corps de l'Etat a eu
quelque énergie ; mais, après l'accès, il va
sentir sa faiblesse et tomber en léthargie. Sous
l'usurpateur, tout allait bien dès que tout allait
vite ; des soldats et de l'argent suffisaient à ses
desirs ; le bonheur des autres était ce qui l'oc-
cupait le moins ; une vexation succédait à une
autre et empêchait de penser à la première :
l'engourdissement de la douleur rendait la douleur même insensible. Cet état de crise continuel donnait l'impulsion, accélérait tous les
mouvements : le calme doit tout ralentir ; les
fautes, même involontaires, des agents seront
plus remarquées ; les plaintes, les murmures
retomberont alors directement sur le pouvoir,
remonteront jusqu'à la source. Combien donc
une pareille administration n'est-elle pas op-
posée aux véritables intérêts de l'autorité sou-
veraine ! Une administration locale, au contraire, entre en service avec les connaissances
nécessaires, non seulement des mœurs, des
habitudes, des usages, mais des hommes confiés à ses soins.

L'autorité, divisée en plusieurs agents, peut

suffire et répondre à tout avec connaissance, ce qui est plus facile par celle des mœurs des lieux qu'elle possède déjà ; l'amovibilité les rend circonspects, honnêtes, cherche à adoucir ce que la puissance peut avoir de sévère. On veut rentrer dans la classe de ses concitoyens avec honneur ; on craint les reproches ; on devient juste même par nécessité, par amour-propre ; l'émulation, le desir de l'estime nous portent au bien ; la responsabilité, la surveillance nous garantissent, nous préservent de l'esprit d'intrigue ou de coterie ; le rang que nous devons reprendre tôt ou tard, nous rappelle à l'honnêteté, à la douceur : les honneurs n'ont pas le temps de corrompre nos mœurs. La représentation ne nous inspire pas cette morgue si près de la gravité nécessaire aux grandes dignités ; il nous est encore permis de visiter, surveiller les bureaux sans leur inspirer à eux-mêmes trop d'insolence, sans leur communiquer cette partie du pouvoir ; on peut enfin détruire la puissance bureaucratique qui depuis si long-temps gouverne la France. Ainsi l'autorité bienfaisante des autorités secondaires fait aimer l'autorité première, et l'affermit par la justice qu'elle peut exercer envers les sujets.

Relativement aux finances, cette partie ad-

ministrative qui demande tant d'ordre , tant
de précision , tant de fermeté et en même
temps tant d'aménité dans les agents , tant de
surveillance dans les préposés pour adoucir
l'âpreté des demandes , la pesanteur des charges , et jusqu'à l'apparence même de la concussion , tant de connaissances locales pour
assurer la justice dans les répartitions ; cette
administration ne peut être bonne qu'autant
qu'elle sera confiée à des mains éprouvées.
Le ministre , le préfet ne peuvent tout faire ,
parce qu'ils ne peuvent être présents partout ;
ils ne peuvent qu'ordonner l'opération en
grand et en diriger l'exécution. Peuvent-ils
gouverner tous les détails ? Ne sont-ils pas
contraints d'avoir recours à des subordonnés ?
Pourquoi d'autres agents que les propriétaires
eux-mêmes ? Pourquoi leur enlever la faculté
de verser , presque sans frais , dans le trésor
public le résultat de leur sacrifice ? Il sera
allégé lorsqu'on remarquera qu'il va directement à sa destination , qu'il est employé
pour leur propre bienveillance et leur tranquillité,
sans être détourné de sa route.

Les tributs arrachés avec douleur seront
bientôt offerts avec générosité , dès qu'on en
fait la répartition avec justice et intelligence.

Les agents occasionnent souvent plus de

murmure, plus de mécontentement que les demandes ; la manière de répartir l'impôt, de le percevoir, est plus odieux que l'impôt même : j'en atteste l'expérience. Qui de nous ne se rappelle le discrédit des financiers dans le siècle dernier dans l'esprit du peuple ? Comparez la réputation de ces hommes à ceux qui occupaient les mêmes emplois dans les pays d'état, et vous verrez la différence pour la considération et l'estime. La connaissance qu'avaient les administrateurs, des hommes propres à ces emplois, les choix qu'ils en faisaient les rendaient recommandables; tout était adouci par le mode qu'ils employaient ; ce n'étaient pas les intrigants, les favoris qui obtenaient ces places pour s'engraisser des sueurs de l'indigent : c'était l'économe du père de famille qui surveillait lui-même la fortune des individus, au lieu de la convoiter. Ses appointements, réduits à une fixité constante, ne lui inspiraient pas de nouveaux projets propres à augmenter ses richesses en altérant celles des autres pauvre, le malheureux, loin d'éprouver rebuts insultants, ne trouvaient que des secours ou des consolations. L'ordre régnait dans les recettes, la justice dans les répartitions. On ne connaissait pas ces fortunes colossales élevées aux dépens des administrés. Un siècle ne suffisait pas pour acquérir dans ces emplois ce que deux ans donnent à nos nouveaux financiers. Les connaissances locales permettaient de tout surveiller ; le trésor public n'était jamais en retard; encore aujourd'hui même, j'ose, sans crainte d'être démenti, assurer que ces pays sont les plus exacts dans leurs payements : tant l'habitude de l'ordre inspire de confiance et conduit à l'obéissance des lois. Comment au contraire un seul administrateur, pour toutes ces parties, peut-il répartir l'impôt , régler la perception, éviter les injustices, faire inventorier le territoire ? Jamais il ne pourra , même par ses agents, obtenir une base juste d'imposition : le crédit , l'intrigue trouveront toujours près de lui les moyens de se soustraire à la proportion.

C'est ainsi qu'on a été forcé de créer tant d'emplois inutiles qui absorbent l'impôt même, et que des agents du département gratuits, qui auraient des connaissances locales, suppléeraient si facilement. C'est la cause qui maintient encore ces administrations onéreuses et superflues, organisées bien plus pour le bonheur de leurs employés que pour celui des administrés ; c'est pour alléger ce fardeau qu'on crée tant de directeurs, d'ad-

ministrateurs , de contrôleurs ; directeurs-ad-
ministrateurs des droits indirects, directeurs-
administrateurs des douanes, directeurs-ad-
ministrateurs des eaux et forêts, directeurs-
administrateurs-contrôleurs d'impositions di-
rectes, tous pléonasmes financiers qui épuisent
le trésor, favorisent la paresse, excitent l'en-
vie, démoralisent le peuple, enfin forment une
armée de sous-ordres inutiles qui convien-
draient bien mieux dans nos garnisons que
dans les bureaux, qui ont leur chef séparé
dans la capitale, qui forme autant d'hiérar-
chie dans le même lieu , tous sujets aux in-
convénients de l'erreur, pour ne pas dire de
l'infidélité , de la négligence et même de la
concussion. Ah ! s'ils n'ont pas le courage de
défendre la patrie, empêchons-les de l'asser-
vir et de la dépouiller. C'est en voulant tout
centraliser, tout isoler, tout rapporter à un
seul point, qu'on ne fait rien où qu'on fait
tout mal ; on augmentera au contraire les
finances en simplifiant l'assiette et la perception des impôts; il faut extirper les désordres ,
détruire les abus , substituer une règle moins
onéreuse, un arrangement moins dispendieux ,
avant de proposer de nouvelles taxes ; accélérer le bonheur au lieu de le retarder sous
de vains prétextes , par une tolérance qui

n'est utile qu'aux agents intéressés au désordre.
La multiplicité des agences devient un laby-
rinthe où tout est fait pour confondre l'homme
le plus intrépide ; une connaissance des lois
fiscales demande plus de sagacité, plus de
soins que la chose même ; la multitude de ces
agents entrave, obstrue, gêne, contredit la
marche même des administrateurs, retarde,
détruit, neutralise la circulation ; il faut alors
doubler la force du moteur principal, c'est-à-
dire, de l'impôt : au contraire, les travaux,
les entreprises publiques seront faits avec plus
d'économie, plus de surveillance ; l'Etat pourra
même s'en décharger sur les autorités locales
intéressées à l'ordre, à la solidité.

L'entretien des routes seules est un objet
d'économie énorme. Les besoins de l'Etat seront plus facilement remplis ; les principaux
propriétaires les connaissant davantage, y
coopéreront plus généreusement. Les taxes de
routes pourront être demandées ; assises d'une
manière peu onéreuses, donneront un bé-
néfice au gouvernement de vingt millions,
qu'il est forcé de prélever sur les impôts,
et dont il sera déchargé, comme cela se pra-
tiquait autrefois, dans la Flandre, l'Artois et
autres pays d'administration.

Les recettes seront donc plus aisément, plus

justement, plus paternellement régies par ces administrations que par la surveillance unique, isolée de ces administrateurs en chef ; les comptes seront plus fidèles, plus simples ; le moindre calcul les assurera ; les agents subalternes ne seront plus les fléaux de nos campagnes qu'ils ne cessent de tromper ; les formes établies avec prudence, conservées avec fermeté, obvieront aux fraudes, aux oppressions ; ces administrations seront plus circonspectes qu'un étranger ignorant les usages, qu'il est toujours dangereux et souvent inutile de heurter, moins soigneux de contenter un pays où il n'est que passager ; ces assemblées enfin nous retraceront encore le bonheur, la paix, l'union du père de famille, dont les enfants, subordonnés à sa puissance, deviennent par-là les régisseurs, les surveillants, les économes, et ses collaborateurs. Je ne puis mieux terminer cet article qu'en citant les propres termes de l'arrêt du conseil d'Etat de 1778, qui prouve que ces vérités étaient connues de nos souverains, et ne sont point des innovations. « Le Roi, dit » l'arrêt, n'a pu méconnaître qu'en ramenant » à un centre tous les détails de l'administra- » tion des finances, la disproportion entre » cette tâche immense et la mesure du temps » et des forces du ministre honoré de sa con-

» fiance, on soumettait à des décisions rapides
» des intérêts essentiels. » Combien la révolution n'a-t-elle pas encore aggravé ces inconvé-
nients par les nouveaux modes qu'elle a in-
ventés; ce n'est, je le répète, que par l'établissement de ces assemblées que nous parviendrons
à cicatriser les maux qu'elle a produits.

Il en est de même de la prospérité publique,
en ce qui concerne l'activité, l'industrie, le
commerce et les arts. Consultons l'expérience,
interrogeons ces pays régis autrefois par ces
administrations, nous verrons combien ce
mode concourait à leur bonheur, et avait,
pour ainsi dire, avancé leur civilisation en cette
partie. Le Berri se rappelle ces jours heureux,
précurseurs des jours plus heureux encore que
lui préparaient ces administrations, dès leur
naissance; il n'a manqué que le temps pour
porter ce mode administratif à sa perfection
dans cette province. Les procès - verbaux
de leur session, les comptes rendus par
leurs administrateurs, sont les preuves irrécu-
sables de ces bienfaits. Pourquoi se refuser à
l'évidence; pourquoi refuser de marcher à la
clarté du flambeau, de l'expérience pour conti-
nuer la route dans les ténèbres et les dédales
de celles tracées par l'usurpateur et à cause de
l'usurpation.

Les arts ont fait quelques progrès , pourquoi les contrarier ? pourquoi ne pas chercher tous les moyens de les activer par l'émulation? Comment accorder à un seul homme, sans intérêt à cet égard , le droit de s'occuper des améliorations que l'ignorance où il se trouve de ce qui convient au pays qu'il régit , ne peut faire deviner ? Déjà surchargé d'affaires , comment exiger de lui ces méditations nécessaires pour parvenir à ce but ? Peut-on raisonnablement espérer qu'il subviendra à tout ? Peut-on croire que, ne connaissant que sur des statistiques fabuleuses les forces du pays, la nature de ses biens, de son commerce, le génie, la richesse de ses habitants, leurs usages , il puisse non seulement adopter un plan, mais même le connaître, l'étudier, le discuter avec fruit. Quant aux établissements, aux communications, à l'entretien des routes, à la formation des canaux ; le génie des ponts-et-chaussées peut, nous dira-t-on, lui offrir tous les moyens d'alimenter les arts et l'industrie ; mais personne n'ignore en France que ces Messieurs, dont nous devons estimer, respecter les talents , excellent pour les plans, gâtent tout dans l'exécution par la cupidité de leurs subordonnés peu surveillés, intéressés à voir renouveler leurs travaux ; que leurs devis, souvent appropriés au caprice de l'entrepreneur favori, outrent les dépenses, empêchent ensuite la concurrence en entravant les travaux de l'entrepreneur étranger; et qu'ils n'ont pas toujours été exempts du reproche de connivence; que leurs connaissances théoriques luttent avec désavantage contre la pratique, l'expérience intéressée à la chose; ils ne peuvent tout au plus qu'inspecter, et non commander; donner des plans, et non diriger. La Flandre sous ses états, la Lorraine sous Léopold, prouvent que le bien, fait par les parties intéressées, s'opère plus facilement, plus grandement que par eux. Il y a long-temps qu'un de nos plus illustres publicistes de France disait, que ces Messieurs aimaient mieux un louis dans leur poche, qu'un pavé de plus sur la grande route (1). Le travail que chacun fait pour sa propre utilité, est moins pénible, mieux fait; les travaux généraux ne s'exécutent que par des ressorts trop étendus, trop composés pour être parfaits : ils sont du moins sujets au relâchement; le préfet d'ailleurs ne peut les surveiller.

Si nous descendons aux objets de détail de l'administration, aux demandes ou aux plaintes des habitants, comment confier aux décisions

____

(1) Montesquieu, *Lettres familières.*

d'un seul individu le sort de tant d'administrés. S'il est injuste ou passionné, et certes, dans le nombre, l'autorité ne peut pas espérer de trouver, pour remplir cet emploi, des hommes parfaits ; quel recours peut-on obtenir contre ces décisions? Le conseil d'Etat pourra les réformer ; mais comment y parvenir? Le nom seul est souvent ignoré du malheureux ; il n'a personne pour le diriger dans cette route ; d'ailleurs le rang d'un préfet lui donnera toujours une prépondérance certaine ; comment même l'inculper au milieu de cette foule de détails qui reviennent tous les jours, que le peu d'importance qu'ils semblent offrir fait regarder comme indifférents, et qui cependant touchent de très près le bonheur d'une foule d'individus. Que d'injustices alors qui, par leur nombre, leur répétition, finissent par rendre malheureux tout un pays et entraver la marche même du gouvernement. Oui, j'ose le dire, la décision la plus minutieuse, dès qu'elle est injuste, est plus criante que l'arrêt le plus terrible rendu d'après les principes d'équité. Comment s'assurer néanmoins de la justice de ces décisions? Je le répète, accablé de requêtes, de demandes souvent importunes, quelquefois mal fondées ; entouré d'hommes vils ou intéressés, obsédé par les intrigants toujours plus hardis que les autres; il ne voit d'ordre en rien dès qu'il veut y regarder de près : il ne peut en mettre même en s'appercevant du désordre. Il devient méfiant, tranchant dans les détails; les fausses plaintes endurcissent aux véritables; l'homme juste devient bientôt la dupe du fripon par le défaut de l'isolement et de l'ignorance du pays et des habitants, qu'un préfet ne parviendra jamais à connaître, à cause même de l'emploi trop relevé qu'il occupe; que tout concourt à entourer des nuages de l'adulation : de-là ces renseignements si ridicules, si faux, donnés au gouvernement sur toutes ces demandes.

C'est à l'abri de ces prestiges, que pullulent en silence ces abus sans remède; cependant, seul dépositaire de l'autorité, tout doit plier sous son joug; liberté, finance, mœurs, activité, encouragement, industrie, tout est soumis à son caprice, à ses passions. Ainsi les lois seraient-elles les plus bienfaisantes, ce ne sont pas les lois par elles-mêmes qui concourent au bonheur : quoique faites dans ces vues, c'est leur exécution. Or, si ceux chargés d'en faire l'application ne peuvent la faire ou la font mal, il est impossible que leur but soit rempli. En vain la sagesse, la prudence du monarque prescrira le mode le plus convenable à notre carac-

tère, à nos mœurs, de confectionner les lois ;
en vain rendra-t-il à son peuple les droits politiques : ses efforts, ses desirs seront constamment déjoués. Si l'exécution de ces mêmes lois
est forcément livrée à l'arbitraire, si les droits
civils qui en découlent sont anéantis de fait, si
tous recours contre ces abus sont impossibles,
si le peuple enfin ne peut ressentir les heureux
effets de ces lois primitives, une négligence,
un arrêté, un oubli, l'ignorance invincible,
peuvent, dans un instant, détruire tout ce que
la prudence la plus consommée aura fait et
prévu.

Que dirait-on d'un gouvernement où un juge
unique serait chargé, pour un département,
de rendre la justice ? Pourrait-on croire qu'elle
sera exactement distribuée au peuple ; que tout
sera conforme aux lois ; que chacun pourra
être certain d'être tranquille sur sa propriété,
sur sa vie, sur ses moyens de subsistance. Ad-
mettons même que ce peuple a, pour le défendre, des avoués, des avocats pour instruire son
affaire, pour suivre ses droits : certes on frémi-
rait d'être contraint d'habiter sous un gouvernement tel. Les affaires judiciaires touchent-
elles de plus près les intérêts, le repos, que les
affaires administratives ? Au contraire, les unes
sont souvent le résultat du caprice, de la mau-

foi, de l'entêtement ; les autres regardent immédiatement et généralement tous les habitants ; dans telle position, dans tel état qu'ils se trouvent, il ne dépend pas d'eux de les éviter ; elles les intéressent à chaque instant : ce sont des devoirs, des obligations journalières à remplir ; des demandes à former, des paiements, des charges à acquitter. Est-il moins intéressant d'être bien jugé, à cet égard, sur un objet administratif, que sur un point de droit ou de chicane ? Pourquoi donc déléguer une telle puissance à un seul individu ; enfin pourquoi l'isoler ? L'administration de la justice n'émane-t-elle pas plus directement de la prérogative royale, que l'administration ordinaire des impôts de la police locale ? Cependant tous les souverains ont consenti à la confier divisement entre plusieurs agents. Dans l'état où nous sommes, elle n'est pas plus difficile à rendre que la justice administrative.

Si nous descendons aux municipalités, le même principe d'isolement présente la même origine et les mêmes vices ; heureusement ce pouvoir, moins élevé, moins sujet à la flatterie, a contracté moins de défauts. On ne peut que féliciter les maires de leur zèle, de leur capacité ; c'est un hommage qu'on doit rendre à ces administrateurs si désintéressés, qui nous ont si souvent consolés par leur intégrité, leur amour du bien, des maux qui nous submergeaient dans ces temps désastreux de l'anarchie et de l'usurpation. Les villes surtout nous présentent le tableau si consolant du plus pur dévouement, du zèle le plus ardent, de la bienfaisance la plus étendue et la plus économe ; mais devons-nous espérer trouver partout ces qualités réunies ? Ne devons-nous pas craindre que le temps, si terrible aux meilleures institutions, ne porte ses ravages dans cet ordre qui prête tant et si facilement aux abus. Épargnons-nous des regrets ; allons au devant de ce qui pourrait les susciter; donnons à ce dévouement des collaborateurs qui l'aident, l'encouragent et le soutiennent. C'est par ces municipalités bien organisées, que nous parviendrons à activer l'industrie. L'exemple des villes de Flandre et de l'Artois prouve l'influence de ces corps sur l'activité et le commerce des habitants.

Dans les campagnes, cette autorité est dégénérée en despotisme, qui décourage les administrés: l'isolement même finirait par la corrompre. D'ailleurs plus occupés, moins en état de remplir ces devoirs sans nuire à leurs intérêts, il faut que les maires tranchent sur le tout s'ils veulent terminer quelque chose. Les délits souvent restent impunis, rien n'est activé ; les renseignements qu'ils reçoivent restent ignorés sans être lus ; les arts sont en stagnation, et cependant jamais la France n'a eu plus besoin d'encourager l'agriculture et les arts qui y ont rapport, qu'actuellement. Il faut donc aiguillonner, réveiller cette apathie : c'est en donnant des maires, des collaborateurs qu'on atteindra ce but ; les fonds destinés à ces objets ne peuvent sans crainte être confiés aux caprices d'un seul individu ; il est donc indispensable de restaurer cette ramification du pouvoir, et de la lier aux pouvoirs secondaires par les mêmes vues et les mêmes moyens : peut-être serait-il utile de nommer un maire principal qui surveillerait les autres maires, que la disette d'hommes instruits, zélés et désintéressés, peut laisser dans l'engourdissement. Il en est de même pour le commerce, qui exige la plus grande liberté. Il doit concourir aux sacrifices; mais ils deviennent destructeurs, s'ils ne sont libres; ils ne seront libres que par les corporations, qui les répartiront avec justice : point de maîtrises, point de jurandes; mais de simples corporations, qui même ramèneront, par leur surveillance, l'activité, la bonne foi, et formeront le dernier chaînon des pouvoirs administratifs

Au résumé, le mode d'administrer de l'usur-

pateur, conforme à son origine, ne peut conve-
nir au gouvernement de nos Rois légitimes; il
est de sa nature oppresseur, dangereux, et
peut entraver les meilleures dispositions; il ne
convient ni au Prince, ni aux sujets; il est es-
sentiellement révolutionnaire; il ne peut que
prolonger la révolution. Le despotisme obligé
ou volontaire des préfets, leur manière d'administrer conforme aux vues de l'usurpateur, nui-
ront toujours dans l'esprit du peuple à ce qu'on
voudrait faire aujourd'hui. L'origine de leur
création rappelle l'origine de leur pouvoir et
donne des souvenirs dangereux : ce pouvoir est
radicalement vicieux. Le peuple voit reprendre
avec peine les mêmes institutions : un gouvernement paternel doit y succéder. Quelle en est
la forme? Je me croirais coupable, si j'avais la
témérité de m'éloigner de celle adoptée par
Louis-le-Martyr. Peut-on oublier les vues
d'un Roi si sage et si bienfaisant? Daigne aujourd'hui recevoir, ô mon Roi! du séjour des
bienheureux, l'hommage que l'on doit à tant
de vertus : puissions-nous, en ce jour, voir réa-
liser, en faveur de ce peuple que tu as tant
aimé, les mesures sages que ta bonté avait dai-
gné essayer pour son bonheur : puissions-nous
être assez heureux pour seconder ces desirs,
dont Louis-le-Desiré nous a rappelé le souvenir
dans sa réponse aux premiers députés du Ber-

ry, lors de son retour, et dont l'esprit se retrouve encore dans le préambule de l'ordonnance pour la formation de l'université. Je me permettrai de citer ses propres termes ; ils semblent faits pour le sujet que je traite. Sa Majesté déclare : « Qu'il lui a paru que le régime » d'une autorité unique et absolue était incom» patible avec ses intentions paternelles ; que » cette autorité était, en quelque sorte, con» damnée à ignorer ou à négliger les détails et » cette surveillance journalière qui ne peu» vent être confiés qu'à des autorités locales, » mieux informées des besoins, plus directe» ment intéressées à la prospérité des établisse» ments placés sous leurs yeux ; que l'autorité » actuelle est bien plutôt destinée à servir les » vues politiques du gouvernement dont elle est » l'ouvrage, qu'à répandre les bienfaits. » On ne peut exprimer plus fortement les besoins d'une administration secondaire locale, qui deviennent d'une identité remarquable avec les principes énoncés dans cette loi.

C'est d'après ces vues que l'on doit former ces assemblées ; une commission intermédiaire serait chargée de l'administration des départements, sous la surveillance immédiate des préfets. L'intervention de ces commissaires départis devient indispensable dans un grand empire pour surveiller et activer le travail, la rapidité de l'action nécessaire à la marche du gouvernement; il faut qu'ils redeviennent ce qu'ils étaient dans l'origine, les *missi dominici*, les envoyés du Roi; il faut qu'ils puissent représenter dignement l'autorité qui leur est confiée, dégagée de ses détails contraires à la dignité de leurs fonctions, qu'ils ne peuvent bien remplir par l'impossibilité de s'en occuper comme ils le desirent, et où ils ignorent souvent jusqu'au principe même d'utilité commune; il faut qu'ils surveillent toutes ces institutions, car le souffle de l'usurpation a corrompu les principes même des meilleurs établissements; il faut en éloigner tout esprit de vertige et de faction.

Mais il faut néanmoins dégager les ministres et le préfet de ces détails minutieux, toujours mal appréciés dans l'éloignement; ne pas tout diriger, tout renvoyer vers le ministère : laissez ces décisions indépendantes, sauf la surveillance et le recours, qui sera nécessairement très rare. C'est en voulant tout ramener au centre du conseil des ministres, déjà très occupé, qu'on crée la bureaucratie, qu'on retarde toutes les opérations, qu'on fait regarder la chute d'un ministre comme un fléau pour l'Etat; c'est alors que ces changements empêchent la suite constante des desseins et des opérations si nécessaires, si

utiles aux grandes entreprises ; c'est ce qui fai-
sait dire au cardinal de Richelieu, qu'en France
toute opération dont l'exécution peut deman-
der dix ans, ne doit point être entreprise,
quelque avantageuse qu'elle paraisse, attendu
que les choses et les esprits ne peuvent y avoir
une telle permanence ; ce n'est pas tant aux
esprits qu'aux choses que l'on peut attribuer
cette inconstance ; dès que l'administration entière et locale est confiée aux ministres ou est
isolée, chaque changement renverse, arrête
tout ce qui est commencé ; ces variations n'ont
pas de prises sur ces assemblées administratives : le ministre, le préfet peuvent changer ; la
marche de l'administration est toujours la
même.

Ces assemblées, en rapprochant les propriétaires, mettent l'intérêt public à leur portée ;
elles leur font sentir la nécessité des lois et le
devoir de leur obéir ; elles les font connaître,
les portent à les aimer, dissipent cet esprit d'a-
narchie, source de tous les malheurs, en les
mettant à portée d'exercer plus sûrement la
justice sur les administrés.

Ces assemblées, uniquement occupées de
l'administration, ne doivent se mêler que de la
répartition des impôts, des détails de police
intérieure, telle que celle des canaux, carrières,

plantations, bâtiments, usines, de la nomination des receveurs particuliers, de la présentation des receveurs généraux, de la direction des impôts, de la nomination des municipalités de campagne, de la présentation des candidats de celles des villes, sans restreindre néanmoins le choix de Sa Majesté; de la réception des projets d'amélioration, de la direction et confection des routes, du cadastre, des travaux publics, de leur surveillance, de la réponse aux plaintes des administrés ainsi qu'à leurs demandes, de l'établissement des impôts indirects; enfin, pour me servir des propres termes de Louis-le-Martyr, dans sa déclaration du 23 juin, on confierait à ces assemblées l'administration des hôpitaux, des prisons, des dépôts de mendicité, des enfants trouvés, l'inspection des dépenses des villes et villages, la surveillance sur l'entretien des forêts, sur la garde, la vente des bois, et sur les autres objets qui pourraient être plus utilement administrés par les provinces.

Ces administrations, convoquées, surveillées par le Souverain, dirigées même dans toutes leurs opérations par les préposés du Prince, ne peuvent faire ombrage à l'autorité. Les propriétaires qui prennent part à cette administration, se surveilleront les uns les autres; attachés à leur territoire et plus encore au Roi, dont les intérêts sont unis à ceux de leur patrimoine, qui ne peuvent refuser de se séparer dès que le Roi l'ordonne, dont tous les actes devront être approuvés par l'envoyé du Prince avant leur publicité ; ces administrateurs, qui n'ont de force que dans leur conduite, leurs mœurs, leur désintéressement ; qui n'ont, pour inspirer le respect, que leur zèle et leur bienfaisance, ne peuvent faire que le bien et concourir à celui du Prince, en lui préparant la richesse la plus grande et lui formant des hommes propres au gouvernement.

De pareils moyens, qui peuvent être employés, doivent-ils être rejetés sans examen? Non, ils doivent être pesés avec sagesse, j'ose dire qu'ils doivent être promptement adoptés, si le Roi, comme je l'espère, daignait y consentir; mais, pour éviter tout moyen de faction en proposant la formation de ces assemblées, je crois devoir exposer le mode qu'on pourrait adopter pour notre situation actuelle.

L'intérêt est le principal mobile des hommes: les hommes qui sont les plus intéressés, les propriétaires, à ce que le bien s'opère, doivent donc être d'abord employés; mais comme le desir d'obtenir justice, de conserver la tranquillité, est aussi puissant que celui de conserver la propriété, que chaque individu domicilié doit chercher à obtenir ce but; ceux qui n'ont pas de propriétés doivent au moins avoir un agent pour les défendre contre les troubles et l'oppression. Les maires, chargés de la surveillance de la police, défenseurs nés de tous leurs administrés indistinctement, doivent également faire partie de ces réunions.

Le commerce, l'ame des Etats, mobile puissant des fortunes publiques et particulières, ne doit pas être oublié; mais néanmoins, pour la stabilité même de cette institution, on doit éviter deux écueils également funestes: l'oligarchie des administrateurs, qui aurait lieu si le nombre était trop restreint et si on leur accordait l'inamovibilité; l'anarchie, si le nombre était trop grand et que la durée de leur gestion fût trop courte.

Le petit nombre d'administrateurs ne reçoit pas assez de lumière, excite peu l'émulation, écoute trop les intérêts personnels, ne surveille pas assez, peut être trop facilement trompé.

L'inamovibilité d'un seul membre rend nulles souvent les meilleures intentions des autres : chargé ou de présenter les matières de délibérations, ou d'en suivre l'exécution, il sera presque toujours le maître de donner aux objets le jour qui favorise sa prétention ; il deviendra le centre de toutes les affaires ; l'assemblée ne verra que par ses yeux ; il la maîtrisera, soit par adresse, soit par l'opiniâtreté qu'il mettra dans ses poursuites ; il saura choisir les momens propices, étudier le caractère des membres, cacher son but, déguiser sa façon de penser, se prêter aux circonstances, saisir celle qui lui sera propice, accélérer ou retarder les sollicitations, les décisions ; dépositaire de l'autorité, il saura la modifier, éluder les arrêtés ou les interpréter, les adoucir ou les aggraver ; ses jugements, quoique provisoires, finiront par devenir irrévocables et souvent arbitraires, parce qu'il trouvera toujours assez de prétextes pour empêcher de les réformer ; enfin, toute l'administration reposera sur lui et dépendra de son caprice : le reste de l'assemblée ne sera plus qu'un simulacre, et le renouvellement des membres sera illusoire.

Le trop grand nombre, au contraire, peut tout entraver à force de vouloir trop discuter : il faut donc chercher à se prémunir contre ces deux extrêmes.

Cette administration doit être gratuite de la part des propriétaires ; c'est un service public qui est une des charges naturelles de la propriété, qu'on s'empressera de remplir avec zèle

lorsqu'on aura soin d'y attacher la considération qui doit en être la récompense ; mais depuis long-temps les Français, jouets des vaines
promesses et du despotisme de l'usurpateur et
de toutes espèces d'intrigues fomentées par les
gouvernements anarchiques qui ont désolé la
France, sont fatigués de ces assemblées, qui
n'étaient formées que pour donner plus de prépondérance à la tyrannie ; n'y mettent aucun
intérêt, s'en éloignent et négligent d'y assister.
Nous en avons la preuve dans la tenue des conseils de département ; il faut ranimer le zèle, le
forcer s'il est languissant, et punir l'apathie
dans le cas d'insouciance à cet égard. Le sujet
qui, sans prétexte plausible, négligerait de répondre à sa convocation, devra être puni par
la radiation et l'amende, calquée sur celle des
jurés ; un autre propriétaire devra être nommé
à sa place : les mêmes peines auraient lieu s'il
quittait avant la clôture.

Quant au membre de la commission intermédiaire, comme la durée de cette fonction
serait plus longue, aucun honoraire ne serait
admis ; mais une indemnité réglée par l'assemblée générale, dont le *maximum* ne pourrait excéder 3000 fr., selon les localités,
puisque c'est la propriété qui donne entrée
dans ces réunions ; celui qui en a une plus

étendue a un plus grand intérêt que celui qui en a une moindre ; la somme de revenu doit donc être consultée, elle ne doit pas précisément décider des places, mais du droit d'élire et d'être élu.

Les autres classes ne peuvent jalouser les propriétaires, puisque ce n'est que comme parties plus intéressées à la chose qu'ils payent plus d'impôt, qu'ils supportent une masse de charge plus forte pour l'amélioration des départements; mais dans les grands états, les pays qui les composent étant dissemblables dans leurs revenus, par leurs positions, c'est sur ces bases que doivent se former les règles de l'administration ; la fortune exigée pour être admis serait réglée selon les revenus de chaque département.

Le plus essentiel dans toute espèce de gouvernements, ce qui touche le plus souvent et le plus près à nos intérêts, est la manière de les administrer. Ces parties du pouvoir administratif forment un tout qui est le corps de l'État ; la Royauté en est la pierre angulaire qui seule soutient tout l'édifice sous la tyrannie qui remplaçait la légitimité. Il fallait que tout fût lié et analogue à cette clef de la voûte sociale; il faut également l'analogie sous la royauté, image du pouvoir pater-

nel ; tout doit correspondre d'une autre ma-
mière.

La forme actuelle est en ce sens vicieuse ;
elle ne met que des agents intermédiaires
étrangers, non intéressés au bien du pays
qu'ils administrent ; elle détruit la confiance
qui assure le dévouement et l'obéissance. Un
agent isolé se fait souvent valoir aux dépens
du peuple et même du Prince, sous le prétexte
spécieux de lui être favorable par un zèle in-
discret, quand il n'y a pas d'autres motifs.
Qu'on parcoure toutes les charges, tous les
soins intérieurs qui incombent actuellement
au ministère, l'on trouvera combien la prospérité de la France est attachée à ce nouveau mode ; combien on peut, par ce moyen,
réparer des négligences inséparables d'une at-
tribution de pouvoir aussi chargé.

Une administration de propriétaires pré-
viendra sans cesse le relâchement, le désordre. C'est le mode le plus digne du Souverain, le plus utile aux sujets ; le seul ca-
pable d'affermir le trône, de vivifier les finances, d'activer l'industrie, d'adoucir par
la justice la répartition des charges, faites par
les parties intéressées ; elles paraîtront être le
résultat de leur propre volonté ; ceux qui en
sont chargés, soutenus par la considération et

par les regards du public, se feront un point d'honneur de mériter son estime, d'étouffer toute vue d'intérêt personnel, d'éviter le reproche de faveur et de partialité.

On a commencé en quelque sorte l'année dernière ce grand ouvrage, en remettant aux communes la destination des centimes, qu'on leur avait enlevés. C'est par ces commissions intermédiaires que l'on parviendra à l'achever, qu'on remédiera aux abus.

Un motif plus puissant encore se joint à ceux déjà énoncés. Tous les jours on parle de faire revivre la morale que l'anarchie a proscrite; tous les discours, les lois tendent à ce but. Le seul moyen efficace de parvenir à ces fins, est d'y ramener par l'intérêt même, mobile plus puissant que les lois; faisons des emplois un sujet d'émulation, de récompenses; éloignons-en l'intrigue, en facilitant les moyens de ne les accorder qu'à ceux qui les méritent : or, nous n'aurons la connaissance nécessaire pour les fixer que par ces assemblées; elles seules connaissent les sujets; le préfet, étranger, variable, influencé, ne peut les discerner. Nous en avons la preuve dans les choix qui se font tous les jours par leur canal. Formons des emplois honorables, qui ne soient remplis que par des hommes d'honneur; honorons enfin la vertu, l'amour du Roi, et nous verrons renaître ces sentiments précieux ; tel individu qui desirera être maire prendra les moyens d'y parvenir quand il connaîtra les seuls qui peuvent l'y conduire ; il ne peut avoir d'esprit public quand il n'y a pas d'intérêt visible ; intéressons tous les Français à devenir meilleurs ; graduons les emplois pour exciter davantage l'émulation : c'est un moyen trop négligé et auquel l'intrigue seule s'oppose. En rendant les emplois amovibles, retenons au moins dans les conseils ceux que la loi éloigne à regret pour un certain temps, pour empêcher de trop s'habituer au pouvoir et retremper les ames d'un esprit de subordination, qu'une autorité trop prolongée fait perdre ; profitons de leurs lumières dans les cas extraordinaires, pour donner plus de suite aux affaires, plus d'attachement à la chose publique qui, par-là, devient la nôtre, qui ne donne de l'esprit de corps que ce qui est simplement nécessaire pour le bien ; enfin, c'est là où se trouveront les parties élémentaires seules capables de former les hommes destinés à cette grande assemblée, qui traitent des intérêts majeurs de l'Etat ; intéressons tous les enfants de la grande famille au bien-être, à la splendeur de leur patrimoine, qu'ils aient l'expectative de concourir au bonheur général.

Je ne m'amuserai pas à réfuter les vaines objections sur l'identité prétendue d'un pareil gouvernement avec celui des républiques ; il me suffira, pour détruire ces clameurs ridicules, produites par ceux-là même qui juraient naguère et proclamaient avec tant d'emphase le gouvernement républicain, source des pouvoirs qu'ils ont su si bien conserver et qu'ils craignent tant de perdre ; il me suffira, dis-je, pour leur répondre, de copier la définition de la monarchie dans un ouvrage fait par les ordres du Germanicus de la France, pour l'éducation de ses augustes enfants, par un de nos plus savants écrivains, assassiné pour son dévouement à la cause de nos Rois :

« Un père voit fructifier sous ses yeux les » travaux de ses enfants ; tous ont le même in- » térêt ; tous ont un zèle égal ; et les richesses » de la famille sont le produit nécessaire de la » bonne administration de tous ses membres. » Voilà le modèle de la monarchie. »

Voilà ma réponse à ces puériles comparaisons, à ces craintes chimériques de retomber dans l'anarchie. Loin de produire ces effets, ces institutions, partout où elles ont eu lieu, ont enfanté l'élan le plus pur du dévouement et du zèle. Qu'on se rappelle les sacrifices volontaires de ces pays régis par ces administra-

tions, à l'époque de la déclaration de guerre
contre l'Angleterre en 1779.

On croit à peine aux offres immenses faites
et réalisées sans entraves par ces administrations. Une des plus petites provinces de France
fit construire et armer, à ses frais, une frégate
qui lui coûta treize cent mille francs, et se
chargea de l'entretien, qui lui revenait à quarante mille francs par mois. Jamais l'esprit
d'insubordination n'a occasionné dans ce pays
de troubles dangereux. Avec quelle énergie ce
même désintéressement se montrerait-il dans
ces moments de détresse! La seule économie
produite par ce mode d'administrer, les réfor-
mes qu'il permettrait, laisseraient quarante
millions au moins de disponibles au gouvernement, dont la charge pèse sur le peuple sans
alléger celles du trésor. On verrait combien il
serait facile de restaurer les routes, les canaux,
en les autorisant de percevoir, par des impositions qu'il désignerait, les sommes nécessaires;
et en leur laissant la libre disposition des taxes
imperceptibles, dirigées, reçues par des mains
désintéressées, qui suppléeraient ces sommes
immenses dévorées, anéanties avant d'avoir
reçu leur destination, ou employées mal à propos à des travaux mal conçus, mal dirigés.

Enfin, je crois devoir terminer cette disser-

tation par les propres termes de l'arrêt du con-
seil-d'état du 12 juillet 1778, qui trace, en peu
de mots, l'utilité de ce mode d'administrer.

« Le mystère, dit le préambule de l'arrêt,
» ne convient qu'à la méfiance et à la faiblesse.
» Plus l'autorité a de force, plus elle doit avoir
» de confiance. Ce ne serait pas l'affaiblir, mais
» l'éclairer et même la rendre plus active, que
» de remettre à des assemblées provinciales
» une partie de l'administration. Lorsqu'on at-
» tachera les principaux propriétaires par les
» sentiments de l'honneur et du devoir à la
» prospérité de leur province, le peuple verra
» ses besoins prévenus, ses intérêts menagés,
» ses plaintes discutées ; ces mêmes administra-
» teurs, devenant les témoins fidèles des senti-
» ments justes et bienfaisants du Souverain,
» écarteront cette défiance qui trouble le repos
» des contribuables, et lui rapporteront e tri-
» but d'amour et de reconnaissance si pré-
» cieux au Monarque qui attache sa gloire au
» bonheur de ses peuples. »

Je me permettrai d'ajouter la pensée d'un de
nos plus célèbres ministres sur le même sujet :
elle ajoute à la preuve que je n'ai pas cherché
dans les innovations ce principe d'administration secondaire ; mais dans le vœu constant,
le desir réitéré de nos monarques, contrarié

par les mêmes causes, retardé par les mêmes intrigues.

« Les Souverains doivent tirer leur première » règle de conduite sur celle de Dieu, qu'ils » doivent imiter en gouvernant.

» Dieu gouverne, Dieu concourt et laisse » agir librement les causes secondes; de même » un bon Roi doit régler par lui-même les prin- » cipales affaires de son État; les premières » par une action immédiate, les secondes par » un pouvoir émané et délégué. En plusieurs » choses, il soutient, il protège; en d'autres, il » encourage par divers moyens: souvent il ne » se réserve qu'une secrète inspection, et voit » opérer plutôt qu'il n'opère. »

Les temps sont changés, les vues de nos monarques sont les mêmes : pourquoi désespérer d'obtenir ce qu'ils ont jugé si utile, si nécessaire? Pouvons-nous nous égarer sous les pas d'un Charlemagne, d'un Louis IX, d'un Louis XVI, et de tous nos meilleurs Rois et de nos plus grands hommes d'état? Cet établissement fixera cette époque à jamais mémorable dans nos fastes, comme l'âge d'or de la monarchie, par les qualités du Monarque et la sagesse de ses institutions.

Les éléments se trouveront déjà formés dans nos conseils, d'après leur existence actuelle et les principes ci-dessus énoncés. Il me semble qu'on peut améliorer ces établissements de la manière suivante :

1°. Dans tous les départements du royaume, les conseils généraux seront formés en assemblées provinciales.

2°. Ces assemblées seront composées de cinquante membres, dont trente propriétaires, dix maires et dix commerçants (1).

3°. Les maires des villes seront compris dans ce nombre ; le surplus des maires sera choisi parmi ceux de la campagne des différents arrondissements.

4°. Les commerçants seront pris, autant que faire se pourra, dans chaque arrondissement.

5°. La propriété exigée pour être choisi, sera réglée d'après la proportion des richesses de chaque département. Le montant sera réglé par le Roi et annexé à la loi.

6°. Les évêques, les grands-vicaires seront de droit au nombre des propriétaires, et pourront être éligibles.

7°. Les membres composant cette assemblée seront d'abord au choix du Roi, qui pourra,

____

(1) Le nombre des maires et des commerçants est moindre que celui des propriétaires, parce qu'on suppose que dans ces derniers il se trouvera déjà des maires et des commerçants.

s'il le juge à propos, fixer un mode de présentation pour le remplacement.

8°. Les membres élus pour former l'assemblée seront convoqués, tous les ans, par lettres expresses, adressées individuellement par le préfet.

9°. L'ouverture de l'assemblée sera faite publiquement par trois commissaires de Sa Majesté, qu'elle daignera désigner, tels que le gouverneur, le préfet, le premier président de la cour royale ou le procureur-général, sans que le Roi soit astreint à ce choix.

10°. Le préfet présidera l'ouverture et parlera au nom du Roi, et manifestera les intentions de Sa Majesté sur l'administration du département.

11°. La session de l'assemblée sera de trois semaines au plus.

12°. L'assemblée ne pourra correspondre en aucun temps avec les assemblées des autres départements, sans une permission expresse des commissaires, et seulement par l'intermédiaire des préfets.

13°. Les commissaires resteront en permanence dans la ville où se tient l'assemblée pendant tout le temps de sa session ; on leur rendra compte tous les trois jours de ce qui s'y passe ;

les procès-verbaux leur seront communiqués par copie.

14°. La clôture se fera également publiquement.

15°. Tous les ans, le cinquième de l'assemblée sera renouvelé; il pourra être réélu.

16°. Tous les cinq ans on revisera, avec soin et rigoureusement, si la propriété exigée des propriétaires et des commerçants est encore en son entier. Dans le cas contraire, ceux qui en seraient dépourvus seront rayés et remplacés; cette clause est de rigueur: ce travail sera remis aux commissaires du Roi.

17°. A la fin de sa session, l'assemblée nommera une commission intermédiaire composée de cinq membres, dont un propriétaire, un maire de ville, un maire de campagne, les autres pris indistinctement.

18°. Cette commission sera chargée de l'administration du département d'une tenue à l'autre; elle rendra compte dans chaque session de tout son travail, des pétitions, des plaintes, de la réponse qui sera jugée définitivement à l'assemblée, s'il y a contradiction dans le résultat.

19°. Les membres choisis pour composer cette commission intermédiaire, ne pourront entrer en exercice qu'après que Sa Majesté en aura confirmé le choix.

20°. La commission intermédiaire sera élue pour trois ans ; on pourra en réélire les membres s'ils obtiennent les deux tiers des suffrages.

21°. Les commissions intermédiaires, devenant seules responsables de leur gestion, proposeront à l'assemblée les subalternes.

22°. L'indemnité due aux membres de la commission sera fixée par l'assemblée, et ne pourra être admise au-dessus de 3000 fr.

23°. Les préfets n'auront d'autre pouvoir que celui de surveillance ; ils auront le droit néanmoins de provoquer par écrit, au nom du Roi, les arrêtés, le travail qu'ils croiront nécessaires de la part des commissaires intermédiaires. Les commissions seront tenues d'y obtempérer sur-le-champ. Les préfets ne pourront, sous aucun prétexte, recevoir des administrations une augmentation de traitement.

Des attributions des conseils provinciaux.

Ils seront chargés spécialement :

1°. De la répartition de l'impôt.

2°. De la présentation des candidats des receveurs-généraux.

3º. De la nomination des receveurs particuliers.

4º. De la direction des impôts.

5º. Des arrêts concernant la police administrative, telle que celle des canaux, carrières, plantations, usines, sauf l'approbation de Sa Majesté ou du commissaire départi de l'adjudication ; de la confection, de la réparation des chemins et travaux publics de leur surveillance.

6º. De la réponse aux demandes et plaintes des administrés et des communes.

7º. De la direction des ventes des domaines, de la surveillance de la garde des forêts, de la vente des bois.

8º. Du cadastre.

9º. De la réception des projets d'amélioration, d'embellissement.

10º. De l'inspection des dépenses des villes et communes rurales de leurs revenus.

11º. De l'administration des hôpitaux, des prisons, des dépôts de mendicité, des enfants trouvés.

12º. De la direction des impôts indirects.

13º. Tous les arrêtés seront communiqués au préfet, qui pourra en suspendre la publication jusqu'à la décision du conseil d'Etat.

As. prov.   5

Des municipalités.

1º. Dans toutes les villes dont la population excède dix mille habitants, la municipalité sera composée d'un maire et dix officiers municipaux.

Le conseil sera pris en nombre égal dans la première composition.

2º. Les officiers municipaux auront la même prépondérance que le maire, qui ne sera que le président; les arrêtés devront être signés par la pluralité.

3º. Les officiers municipaux seront renouvelés tous les ans par tiers; quatre sortiront la dernière année; et dans la même proportion, dans toutes les municipalités, on ne pourra être réélu qu'une fois, sans intervalle; ensuite il faudra au moins un an d'interstice.

4º. Le maire sera renouvelé tous les trois ans; mais après le second exercice, il ne pourra être réélu qu'après un intervalle de trois ans.

5º. Les membres du corps municipal sortants seront de droit et pour toujours membres du conseil de la commune.

6º. Dans les communes au-dessous de dix mille habitants et au-dessus de cinq, il y aura un maire et six officiers municipaux; dans toutes les autres communes, il y aura un maire et quatre officiers municipaux.

7º. Dans les communes trop peu populeuses, on pourvoira à la réunion; et dans ce cas, il y aura un agent qui se réunira aux municipaux de la commune dont elle dépend.

8º. Auprès des municipalités il y aura un procureur-syndic, chargé spécialement de la police, nommé par le Roi pour six ans; il pourra être réélu et tiendra la place d'un des commissaires ; dans les villes il sera payé, dans les campagnes cette fonction sera gratuite.

9º. Dans six ans, on ne pourra être élu municipal que lorsqu'on aura été membre d'un bureau de bienfaisance, ou commissaire des hospices, prisons, établissements publics; il en sera de même des membres de l'assemblée provinciale.

10º. Une marque distinctive sera accordée aux maires et officiers municipaux; cette marque leur sera accordée pour leur vie, lorsqu'ils auront été réélus trois fois.

11º. Le commerce sera mis en corporation.

Articles transitoires.

On ne pourra, sous aucun prétexte, refuser le grade honorable d'officier municipal.

Les municipalités des villes seront nommées par le Roi, qui réglera ensuite le mode de présentation ; celles des campagnes par les conseils provinciaux.

Ceux qui ne se rendront pas à l'assemblée provinciale, ou qui s'en éloigneront pendant la tenue sans de justes motifs approuvés par l'assemblée, seront rayés définitivement et condamnés à une amende de deux cents francs, sans pouvoir désormais être choisis pour aucun emploi.

Il sera présenté une loi particulière pour le département et la ville de Paris.

FIN.

www.ingramcontent.com/pod-product-compliance
Ingram Content Group UK Ltd.
Pitfield, Milton Keynes, MK11 3LW, UK
UKHW020039100726
13658UKWH00003B/1432